JORDI SURÍS

El secreto de las flores

Centro de Investigación y Publicaciones de Idiomas, S.L.
C/ Trafalgar, 10, entlo. 1.ª
08010 Barcelona
www.difusion.com

Colección **"Venga a leer"**
Serie "El Mediterráneo"

Diseño de la colección y cubierta: Àngel Viola
Fotografías: Pere Pons (pág. 7, 15, 24, 25)
Núria París (pág. 9, 11, 13, 21)
Ilustración de cubierta: Pere Virgili

Corrección: Eduard Sancho y Maria Eugènia Vilà
Agradecimientos a: Patronat de Turisme de Sitges

1ª edición, 1999
2ª edición, 2000

ISBN: 84-89344-73-6
Depósito Legal: B-3512-99
Impreso en España-Printed in Spain

Personajes

Pedro Sancho: Inspector de policía de mediana edad y antiguo alumno de Llorenç Sarriol en la academia. Vive en Barcelona.

Joseph Larson: Jefe de la empresa “Larson y Magriñá”.

Laura Larson: Hija de Joseph Larson.

Roberto Díaz: Cuñado del señor Larson y tío de Laura.

Enrique Sarriol: Periodista. Tiene unos 25 años. Trabaja en un periódico de información general de Barcelona. Vive en Barcelona.

Eduardo Vilches: Pequeño delincuente.

Javi Mendieta: Policía. Trabaja con el inspector Sancho.

Nicolás González: Policía. Trabaja con el inspector Sancho.

Mónica García: Compañera de trabajo de Enrique en el periódico *El Mediterráneo*.

Pere Magriñá: Socio de Joseph Larson.

Juan Musons: Abogado de “Larson y Magriñá”.

Joan Rius: Cliente de “Larson y Magriñá”.

1

El inspector Sancho llama a la puerta.

–¿El señor Larson vive aquí? –pregunta.

–Sí, es mi padre. Yo soy Laura Larson.

–Su padre me está esperando.

–Sí, lo sé. Está en su habitación. Es la segunda puerta a la izquierda.

Sancho sigue por el pasillo hasta la segunda puerta. Cuando llega a la habitación llama. No contesta nadie. Sancho abre la puerta y entra.

Primero no ve a nadie en la habitación. Pero después ve a un hombre en el suelo. Sancho se acerca. Es el señor Larson. Está muerto. Tiene sangre en la cabeza. A su lado, en el suelo, hay un jarrón roto y algunas rosas y orquídeas.

La habitación es pequeña. Hay una mesa al lado de la ventana. La ventana está cerrada. Hay una silla detrás de la mesa y un sillón cerca del hombre muerto. Hay un sofá en la pared del fondo. Sobre la mesa una agenda, una carpeta, bolígrafos y el periódico *El Mediterráneo*, abierto por la página 54.

Sancho sale de la habitación.

–¡Eh, señorita! –grita– ¡Laura!

–¿Sí? –responde la chica.

El inspector entra en el salón. Allí está Laura.

–Escucha... –empieza a decir Sancho.

Pero en aquel momento se oye un grito. Viene de la habitación del señor Larson.

Sancho corre a la habitación. La chica va detrás de él.

No hay nadie allí. Sólo el señor Larson, muerto, en el suelo. Todo está igual, pero ahora la ventana está abierta. La chica, que ha entrado en la habitación, ve a su padre en el suelo y grita:

–¡Papá! ¡No!

Sancho va hacia la ventana y mira afuera.

La casa está en una calle estrecha, el pasaje Méndez Vigo. En la calle, en el suelo, hay un hombre. El hombre se levanta y empieza a correr. Con una mano se coge el hombro. Lleva unos guantes negros, un jersey marrón y es bajo.

Sancho le dice a la chica:

–¡Llama a la policía!

Luego, salta por la ventana y empieza a correr detrás del hombre del jersey marrón.

2

Sancho corre detrás del hombre bajo por la *calle Aragón*[1]. Éste ahora no corre. Mira detrás suyo para ver si alguien le sigue. No ve a Sancho, que en este momento está detrás de un quiosco de periódicos. El hombre bajo del jersey marrón está más tranquilo. Piensa que nadie le sigue y ahora anda despacio.

Llega al *Paseo de Gracia*[2] y entra en la estación del tren, donde compra un billete para *Sitges*[3].

Sancho está cerca. Está mirando los horarios de los trenes.

El hombre bajo y delgado pasa por su lado y baja al andén.

Sancho lo mira y luego busca un teléfono público.

–¡Hola! –dice– Soy el inspector Sancho. Es urgente. Tenéis que seguir a un hombre. Ha cogido un billete para el tren que va de Barcelona a Sitges a las 10 menos cuarto. Es un hombre bajo que lleva un jersey marrón. Quiero saber qué hace. Ahora son... –Sancho mira su reloj– ... las nueve y cinco.

Sancho vuelve a casa del señor Larson. Hay un coche de policía delante de la casa y un policía en la puerta.

Cuando entra en la casa ve a Laura, la hija de Larson, en el salón. Está sentada en un sofá. Está llorando. Un policía, a su lado, le ofrece una copa de brandy. Ella bebe un poco.

Sancho entra en la habitación de Larson. El inspector Montes, que tiene unos 60 años y habla despacio, está al lado del cuerpo.

–Le han asesinado con esto –dice cuando ve a Sancho. Tiene un hilo de nylon en la mano–. ¿Ves el cuello?

–Sí. Pero, ¿y la sangre de la cabeza?

–Se ha golpeado al caer al suelo. Dime, Sancho, ¿tú qué sabes?

Sancho le explica todo lo que sabe: "A las 8:30, Laura me ha abierto la puerta y después he entrado en la habitación y he visto a Larson en el suelo, muerto. La ventana estaba cerrada. Luego he ido al salón para hablar con la hija de Larson y he oído un grito. He vuelto corriendo a la habitación y ahora la ventana estaba abierta. He mirado por la ventana y he visto a un hombre en la calle, en el suelo. El hombre se ha levantado y ha empezado a correr. Yo le he seguido hasta la estación de tren de Paseo de Gracia. Allí el hombre ha comprado un billete para Sitges. Y esto es todo."

–De acuerdo –dice Montes.

Paseo de Gracia

Después, Sancho empieza a mirar por la habitación. Mira la agenda del señor Larson, su carpeta con papeles de la "Compañía Larson y Magriñá, importación y exportación de flores". Sancho coge el periódico *El Mediterráneo*. Está abierto en la página 54, pero la anterior es la 51. ¡Las páginas 52/53 no están! El periódico no es de hoy. Es del día 5 de abril.

–¡Qué extraño! –piensa.

Cuando vuelve al salón, hay un hombre al lado de Laura. Está hablando con ella. El hombre, cuando ve a Sancho, se levanta.

–Soy Roberto Díaz –dice–. El tío de Laura. He llamado para hablar con Joseph. Joseph Larson es mi cuñado. Laura me ha explicado lo que ha pasado.

–Quiero hablar con usted –dice Sancho–. ¿Puede esperar un momento, por favor?

–Sí, claro.

Hay un teléfono encima de una mesita.

–¿Puedo telefonear? –pregunta Sancho.

Laura dice que sí con la cabeza. Está llorando y no puede hablar.

En este momento un médico entra en la casa. El inspector Montes le acompaña a la habitación.

Sancho los mira. Luego coge el teléfono.

–*El Mediterráneo*, dígame... –contesta la telefonista.

–¿Puedo hablar con Enrique Sarriol, por favor?

–Un momento, por favor. ¿De parte de quién?

–Del inspector Sancho.

Luego mira a Laura. Ahora la chica está más tranquila.

Está hablando con su tío. También oye al doctor, que habla con Montes en la habitación.

–Sí, diga –dice alguien al otro lado del teléfono.

–Hola, Enrique –contesta Sancho–. Tengo que pedirte un favor. Necesito las páginas 52/53 de *El Mediterráneo* del 5 de abril.

3

En la estación de tren de Sitges hay un hombre gordo sentado. Tiene unos 45 años. Está fumando.

Estación de Sitges

Cuando el tren de Barcelona llega, mira a la gente que baja. Entre los hombres y las mujeres que bajan, ve a un hombre bajo que lleva un jersey marrón.

El hombre gordo se levanta y va hacia el quiosco. Allí, un joven con el pelo largo está mirando una revista.

–¡Es aquél! –le dice el hombre gordo al joven– Vamos, Javi.

El hombre bajo del jersey marrón sale de la estación y empieza a andar por una calle estrecha.

A mitad de la calle hay un bar. El hombre entra en el bar.

–Un café, por favor.

–¿Solo?

–No, con un poco de brandy.

–Un *carajillo*[4] para el señor –dice el camarero.

Javi, el joven de pelo largo, entra en el bar.

–Un agua mineral –pide y luego va a la máquina de tabaco.

–Oiga –dice el hombre del jersey marrón al camarero–, ¿tiene teléfono?

–Sí, al fondo, a la derecha. Al lado de los servicios.

Delante del bar, hay una tienda de ropa. El hombre gordo está dentro, mirando una camisa.

El joven bebe su agua y va a los servicios. Pasa por el lado del hombre bajito del jersey marrón.

–Soy Edu –está diciendo éste por el teléfono–. Tengo que hablar con usted...

Javi mira su reloj. Son las 10 y 10.

Calle de Sitges

4

Cuando Edu sale del bar, el hombre gordo también sale de la tienda. Edu sigue recto por la calle. Después gira a la derecha y al llegar a una placita, gira a la izquierda y entra en la calle Ángel Vidal. Poco después se para delante de un piso y entra. El hombre gordo sigue andando. Pasa delante de la casa sin mirar. Javi Mendieta llega poco después y entra en la casa. Mira los buzones de la entrada. Solo hay dos pisos. En el buzón del primer piso está escrito: *Eduardo Vilches*. Poco después oye una puerta que se cierra. Sale del piso. Delante está *El Retiro*[5]. Javi entra en el bar. Poco después entra el hombre gordo.

–Un café –pide sentándose en la barra, al lado de Javi.

–Otro café para mí –pide Javi al camarero–. Primer piso –dice después al hombre gordo.

Luego Javi coge su café y se sienta al lado de la ventana. El hombre gordo ve un teléfono y se levanta para llamar.

–Soy González –dice hablando por teléfono–. Estamos en el bar El Retiro. El número de teléfono es...

Cuando termina su café, González, el hombre gordo, pide otro. Luego se sienta al lado de Javi.

–Sigue en el piso –le dice éste.

Luego, el joven se levanta y va a los servicios. Cuando vuelve, coge un periódico deportivo de encima de una mesa y se sienta otra vez al lado de la ventana.

40 minutos después, el hombre gordo le dice a Javi:

–¡Mira!

Bar El Retiro

Un hombre bien vestido está entrando en la casa de Edu. Lleva un traje gris y una corbata azul y verde. No pueden verle bien la cara porque lleva gafas de sol.

González mira su reloj. Son las once y veinte.

5

A las once y media Sancho llega a su despacho en la comisaría de *Vía Laietana*[6]. Viene de "Larson y Magriñá, importación y exportación de flores". Lleva una carpeta en la mano.

Allí le espera su secretario.

–Ha llamado González –le dice–. Están en El Retiro de Sitges. Éste es el número de teléfono.

Sancho mira el número y llama.

En el bar suena el teléfono. El camarero contesta.

–¿Sí? (...) Un momento.

Luego pregunta a los clientes:

–¿González? ¿Nicolás González?

–Soy yo –dice el hombre gordo levantándose.

–¿Diga? (...) Sí, inspector Sancho, soy González. (...) Sí, le hemos estado siguiendo. Primero ha entrado en un bar cerca de la estación y Javi ha entrado detrás de él. Ha tomado un café y después ha llamado por teléfono. Mendieta ha podido oír su nombre: Edu. Luego ha continuado hasta la calle Ángel Vidal y ha entrado en un piso. El número 34, primer piso. En el buzón estaba su nombre completo: Eduardo Vilches. Hace poco ha entrado un hombre en la casa... (...) Sí, ... sí... Vale. De acuerdo... Esperamos...

Cuelga el teléfono y se sienta al lado de Javi y le pregunta:

–¿Ha salido alguien de la casa?

–No, nadie.

6

Cuando termina de hablar con González, Sancho coge un lápiz rojo. Encima de su mesa está la página 52/53 de *El Mediterráneo* del día 5 de abril. Sancho subraya con lápiz rojo una noticia. Habla de la empresa de Larson:

52/SOCIEDAD El Mediterráneo domingo 5 de abril de 1998

/SOCIEDAD El Mediterráneo domingo 5 de abril de 1998 53

Larson y Magriñá: flores a A lemania

'Larson y Magriñá' es una importante empresa de venta de flores, especialmente rosas y orquídeas. La empresa vende a Europa y tiene una plantación en el Maresme. También compra flores a algunos países de Asia, que llegan en avión a Barcelona. Las flores salen después en camión frigorífico a algunos países europeos, especialmente Alemania.

El Mediterráneo, Barcelona

"'Larson y Magriñá' es una importante empresa de venta de flores, especialmente rosas y orquídeas. La empresa vende a Europa y tiene una plantación en el Maresme[7]*. También compra flores a algunos países de Asia, que llegan en avión a Barcelona. Las flores salen después en camión frigorífico a algunos países europeos, especialmente Alemania..."*

Al lado del reportaje hay una foto de familia del señor Larson en Barcelona.

Sancho coge el teléfono y llama a las oficinas de *El Mediterráneo*.

–Con Enrique Sarriol, por favor (...) Enrique... Sí, soy yo, Pedro (...) Sí, tengo esta página delante... Es interesante... Necesito saber algo... –Sancho abre la carpeta de "Larson y Magriñá" y coge unos papeles– Quiero saber si los días 6 y 26 de septiembre, 2, 18 y 22 de octubre, 15 de noviembre... –Sancho le dice a Enrique más días– se repite un anuncio en *El Mediterráneo*. Un anuncio que está sólo estos días...

Cuando termina de hablar con Enrique, telefonea a El Retiro de Sitges para hablar con González. Son las 12 del mediodía.

–Tenéis que entrar en el piso y detener a Edu. Quiero hablar con él en Barcelona, en Vía Laietana. Quiero saber algunas cosas de él. También quiero hablar con el hombre del traje gris.

7

González paga los cafés y le dice a Javi:

–¡Vamos!

En este momento el hombre del traje gris sale de la casa.

–¿Qué hacemos? –pregunta Javi.

González mira al hombre, que anda deprisa calle abajo.

–Primero tenemos que detener a Edu.

Cuando llegan al primer piso, la puerta está abierta. González y Javi entran. La casa está en silencio. Un extraño silencio. Es un piso pequeño. Tiene una habitación, sala de estar, cocina y baño. En la habitación y en la sala de estar no hay nadie. Cuando entran en la cocina, hay sobre la mesa dos tazas de café, azúcar y las llaves del piso. Detrás de la mesa, en el suelo, ven primero un zapato, luego un pantalón y después un jersey marrón. Edu, el hombre bajito, está allí. Tiene la cara pálida, muy pálida. Está muerto.

– ¡Maldita sea! –dice González, y sale de la casa corriendo.

Javi mira a Edu en el suelo. Busca en su bolsillo. Hay una cartera, con su carnet de identidad, un poco de dinero y una llave. La mano de Edu está cerrada. Hay algo dentro: un trozo de papel. Es un trozo de una página de periódico.

Poco después vuelve González. Viene solo.

–¿No? –pregunta Javi.

González dice que no con la cabeza:

–¡Maldita sea!

En la sala de estar hay un teléfono. González llama a Sancho.

8

El secretario del inspector Sancho entra en el despacho de éste con unos papeles en la mano. En este momento, Sancho está hablando por teléfono.

–Sí (...) ¿¿Muerto?? (...) ¿Y el hombre del traje gris? (...) Sí –dice cogiendo un lápiz–. Dime, escribo –empieza a escribir en un papel–, carnet de identidad (...) ¿Cómo se llama? Eduardo Vilches Soldevila (...), dinero (...) un trozo de periódico en la mano (...) vale (...) una llave. No es la llave del piso. Gracias, González...

Luego coge unos papeles de su carpeta. Mira a su secretario.

–Llama a estas personas. Están en sus oficinas, aquí están los nombres y teléfonos. Roberto Díaz, Pere Magriñá, Juan Musons y Joan Rius. Díaz es el cuñado del señor Larson. Pere Magriñá es su socio, Juan Musons es su abogado y Rius, un cliente... Tienen que estar a las dos en casa de Larson. Tengo que hablar con ellos... ¡Ah!, y llama también a Laura, la hija de Larson.

Luego coge el teléfono. Tiene una idea. Marca el número de "Larson y Magriñá" y habla con la secretaria.

Su secretario entra al cabo de un rato:

–He hablado con tres de ellos. Pero uno no está ni en su oficina ni en su casa.

Sancho sonríe: Tienes que llamar a su oficina a la una –dice.

–¿A la una?

–Sí, ahora viene de Sitges...

9

Cuando Sancho llega a la casa del pasaje Méndez Vigo, son las 2 y diez. Laura le abre la puerta. En el salón están Roberto Díaz, Rius y Magriñá. Rius y Magriñá están hablando.

–¡Pobre Larson! –dice Rius– Joan Rius es un hombre un poco gordo que lleva bigote.

–¡Qué horrible, qué horrible! ¡Asesinado...!

Díaz está tomando un Martini.

–Es el inspector Sancho –dice Laura cuando entran en el salón.

–¿Quiere algo para beber? –pregunta después la chica.

–No, gracias, Laura. Siéntense, por favor. Buenas tardes, señor Díaz.

–Buenas tardes, inspector.
–Yo soy Joan Rius –dice el hombre gordo.
–Y yo, Pere Magriñá, el socio de Larson.
En aquel momento llaman a la puerta. Laura va a abrir. Entra un hombre con una cartera en la mano.
–Juan Musons, abogado del señor Larson –dice–. Llego tarde...
–Siéntese, por favor –dice Sancho.
Musons se sienta. Saluda a los otros.
–Muchas gracias a todos por venir –empieza Sancho–. Sé que es la hora de comer. Tengo que decirles algo importante. Sé quién es el asesino del señor Larson.
–¡Buen trabajo! –dice Roberto Díaz– ¿Y quién es?
–Se llama Eduardo Vilches, "Edu".
–¿Eduardo Vilches? ¿Eduardo Vilches? –dice Pere Magriñá–.
–¿Lo conoce?
–¿No trabaja con nosotros?
–Sí. Es un empleado de "Larson y Magriñá".
–¿Lo han detenido? –pregunta Roberto Díaz.
–Edu también está muerto...
–¿Muerto?
–Sí. Pero hay otra persona. Edu sólo es el brazo, no la cabeza. Hay otra persona. La persona que piensa. La cabeza. El asesino de verdad...
Sancho mira a los cuatro hombres y a Laura, que le están escuchando.
–También sé quién es. Pero ahora no puedo decirlo. Necesito verles a todos ustedes otra vez. Aquí. A las ocho. ¡Buenas tardes, señores!
Luego le pregunta a Laura:

–Por favor, ¿puedo llamar por teléfono, en privado?

–En la salita hay otro teléfono.

La salita está al final del pasillo, a la derecha, después de la cocina y un baño. Sancho marca el número de *El Mediterráneo*. Enrique se pone y el inspector le dice:

–Enrique (...) ¿Podemos vernos a las 5? (...) ¿Mejor a las 6? ¿Quedamos en el *Tapa tapa*[8] de Paseo de Gracia?

Sancho oye un ruido detrás de la puerta.

–¿Hay alguien? –pregunta.

Sale de la salita, pero en el pasillo no hay nadie.

10

En las oficinas de *El Mediterráneo*, Enrique está trabajando. Le ha pedido ayuda a Mónica. Mónica es una periodista de *El Mediterráneo* que trabaja frecuentemente con él. La chica se levanta y le pasa una carpeta.

–Sí. Hay un anuncio que se repite estos días –dice.

–Es una contraseña... Oye, Mónica, ¿por qué no vienes al Tapa Tapa? Tengo que hablar con Pedro Sancho... Es por el asesinato de Larson. Mañana vamos a publicar algo sobre eso.

–Si termino pronto este trabajo... ¿A qué hora habéis quedado?

–A las 6.

Enrique trabaja un poco más. Luego, coge la chaqueta de su silla y la carpeta que le ha dado Mónica.

La chica ahora está trabajando con el ordenador.

–¡Hasta luego! –le dice Enrique, y sale de la oficina

Bar Tapa Tapa

11

Cuando Enrique llega al bar, Sancho está en una mesa, en la terraza. Está tomando un *cortado*[9].

Enrique se sienta y deja la carpeta encima de la mesa.

–Sí –dice–, hay un anuncio que se repite los días que me has dicho.

–Es una contraseña. Estos días sale la droga desde Barcelona.

–¿Droga? Creo que tengo una buena noticia para el periódico –dice Enrique–. Pero, ¿y Larson?

–Ahora te lo explico. La semana pasada empecé a investigar una organización que entra droga en Europa. Cocaína. La policía alemana cree que la droga entra a Europa por Barcelona. Estoy trabajando en esto. Investigo aquí y allá. Ayer estaba en mi despacho. Era por la mañana. La secretaria me pasó una llamada telefónica.

–¿Inspector Sancho? –era un hombre el que hablaba– Me llamo Joseph Larson, de "Larson y Magriñá, importación y exportación de flores". Tengo que hablar con usted. Es muy importante.

–Bien –contesté–. Puede venir aquí, a la comisaría de Vía Laietana.

–No puedo ir a la comisaría –Larson estaba nervioso–. Por favor, ¿puede venir mañana a mi casa, a las 8 y media de la mañana?

–¿Dónde vive usted? –le pregunté.

–Pasaje Méndez Vigo, 14 –me contesta.

–¿Y por qué no puede...?

No pude terminar de hablar. El señor Larson, muy nervioso, me interrumpió:

–Inspector, ahora no puedo hablar. Tengo que...

Después sólo oí el "tu–tu–tu..." del teléfono. La conversación se terminó. Y me pregunté: ¿Qué pasa? ¿Por qué el señor Larson quiere hablar conmigo? ¿Debo ir a su casa? ¿Qué tiene que decirme?...

Ahora lo sé. Con esto... –Sancho señala la carpeta de Enrique– ... estoy seguro. Ha descubierto que alguien está utilizando su empresa para entrar cocaína en Alemania. Cocaína de Tailandia...

Sancho coge su cortado y bebe un poco. Enrique le escucha con atención.

–¿Cómo sé que la droga pasa por "Larson y Magriñá"? –sigue Sancho– No estoy seguro pero estoy casi seguro de quién está detrás de todo esto. No es Larson. Pero es la misma persona que está detrás del asesinato de Larson. No puedo demostrarlo todavía. Esta noche he quedado con algunas personas en casa de Larson, a las 8. Espero poder demostrarlo allí. ¿Por qué no vienes?

–Vale.

12

–¡Mira! –dice Enrique contento– Es Mónica.

Mónica está entre la gente. Mira hacia la terraza del bar. Ve a Enrique y Sancho. Les saluda con la mano.

Un coche para cerca del bar, en la calle Aragón. Dos hombres bajan del coche. Uno lleva un traje negro y el otro una chaqueta marrón. Mónica los mira. Llevan una pistola en la mano.

–¡Enrique! ¡Esos hombres! –grita.

Sancho ve a los dos hombres que van hacia ellos.

–¡Vete, Enrique! –dice.

Sancho saca una pistola de su chaqueta. Enrique se levanta y coge la mano de Mónica.

–¡Vamos! –dice– Y empiezan a correr. Luego oye un disparo, después otro. Enrique y Mónica miran hacia atrás. Sancho está corriendo detrás de uno de los hombres.

–¡Alto! –grita Sancho.

Los clientes del bar se levantan y empiezan a correr y a gritar. También la gente de la calle, asustada, corre y entra en los bares y en las tiendas.

–¡Alto! –repite Sancho.

–¡Bufff! –exclama Enrique.

–¿Qué pasa, Enrique? –pregunta Mónica.

La gente vuelve a la calle. Hablan entre ellos, nerviosos y excitados. No hay nadie en la terraza del bar donde estaban Sancho y Enrique. Algunas sillas están en el suelo.

–Vamos a esperar a Sancho en el bar...

–Enrique, ¡mira! –un hombre con un traje negro va hacia ellos.

–¡Corre, Mónica, corre! –grita Enrique.

Salen corriendo y cruzan el Paseo de Gracia. Pasan por delante de la *Casa Batlló*[10].

Paseo de Gracia (casa Batlló)

Siguen corriendo por la calle Aragón. Pasan por delante de la *Fundación Tàpies*[11] hasta llegar a la *Rambla de Cataluña*[12]. Miran hacia atrás. El hombre del traje negro no está.

Enrique puede escuchar los latidos de su corazón.

Fundación Tàpies

–Pero, ¿qué está pasando? –pregunta la chica.

Enrique la mira.

–Sancho está investigando un caso de tráfico de drogas, con un asesinato. Un asunto importante...

–¡Y peligroso! –añade la chica.

13

Son las 8 y cuarto de la noche. En casa de Larson hay cuatro hombres en el salón. Laura está con ellos. Son el socio de Larson, el señor Magriñá, su abogado, el señor Musons, el cuñado de Larson, Díaz, y un cliente, Rius.

Díaz está hablando con Laura. Los otros tres hombres, sentados en un sofá, también hablan. Roberto Díaz mira su reloj.

–Las 8 y veinte –dice.

–Sí. Las 8 y veinte. Quizá... –el señor Magriñá no puede terminar. Llaman a la puerta. Es Sancho.

–Lo siento –dice Sancho cuando entra–. Es un poco tarde. ¿Estamos todos? Entonces podemos empezar.

–¿Quieren tomar algo? –pregunta Laura.

–No, gracias, Laura –contesta el inspector.

–¿Ha tenido problemas? –le pregunta Díaz.

–¿Y vamos a saber quién es el asesino del señor Larson? –pregunta también el señor Magriñá.

–El asesino es Vilches, señor Magriñá –dice Laura–. ¡Un empleado de papá!

–Quiero decir...

– Sí, vamos a saber quién lo hizo matar –contesta

Sancho–. No, no he tenido problemas. Gracias, señor Díaz.

–Ustedes saben –empieza el inspector–, que Larson era, con el señor Magriñá, el jefe de "Larson y Magriñá", una empresa que vende flores. Una empresa importante. Sus flores, rosas y orquídeas especialmente, salen del Maresme. "Larson y Magriñá" vende sus flores en España... y también en Europa: Alemania, Francia... Vende mucho; por esto necesita comprar flores a otros países. Países de Asia. Tailandia, por ejemplo.

El señor Magriñá les puede decir que la empresa va bien y que, en Europa, es una de las más importantes del momento...

–Sí, es verdad.

–Bueno –continúa Sancho–. Esto lo saben todos, pero algunos de ustedes no saben otra cosa.

–¿Qué cosa? –pregunta el señor Rius.

–Perdonen –dice Juan Musons–, Laura, un vaso de agua, por favor...

–Sí, claro –la chica sale.

–La policía alemana está investigando una organización que entra droga en su país –continúa Sancho–. Los alemanes creen que la droga sale de Barcelona...

Laura vuelve con una jarra de agua y vasos.

–... Ayer estaba en mi despacho y recibí una llamada telefónica. Un hombre nervioso quería verme. Me dijo que se llamaba Larson. Quedamos para hoy. Quería preguntarle más cosas, pero él interrumpió la conversación. Y yo me pregunté en aquel momento: ¿Por qué quiere hablar conmigo? ¿Por qué ha interrumpido su conversación?, y ahora me pregunto: ¿Por qué cuando esta mañana he llegado a su casa estaba muerto?

Nadie contesta. Todos están en silencio.

–Todas estas preguntas tienen una respuesta –continúa Sancho–. Larson quería hablar conmigo porque ha descubierto algo horrible. Por esto estaba nervioso. ¿Por qué interrumpe su conversación cuando hablaba conmigo por teléfono? Esto es evidente: alguien entró en la habitación en aquel momento. No era un extraño. Era alguien que él conocía muy bien... Uno de ustedes.

–¿Está seguro de lo que dice? –pregunta Juan Musons.

–Seguro.

–Mire, inspector –empieza a decir Díaz–, esto que está...

En aquel momento se oye el timbre de la puerta.

Nadie se mueve. Todos se miran en silencio.

–¿Puedes abrir, Laura? –dice Sancho.

Poco después vuelve Laura con Enrique. Enrique lleva la carpeta en la mano.

–¡Pasa! Siéntate, Enrique...

–¡Buenas noches! –dice éste.

–Pero, ¿qué pasa?, ¿quién es este joven?

–Voy a continuar, señor Díaz –dice Sancho sin contestar–. Y ahora vamos por la tercera pregunta, la de la muerte de Larson. Laura, esta mañana, antes de llegar yo –le pregunta Sancho a la chica–, ¿has abierto la puerta a alguien?

–No –contesta Laura–, que tiene los ojos llorosos.

–Pero, ¿cómo ha entrado el asesino de tu padre? –continúa preguntando Sancho– Nadie ha forzado la puerta.

Sancho mira a la gente. Laura no contesta.

–El asesino ha entrado con una llave. ¡Ésta! –Sancho enseña la llave que González y Javi han encontrado en el bolsillo de Edu– Alguien que puede entrar y salir libremente de esta casa se la ha dado.

–Oiga, yo sólo soy un cliente. ¿Por qué estoy aquí? –pregunta Rius.

Sancho no contesta.

–El asesino, Edu Vilches, después de asesinar a Larson, empieza a mirar por la habitación... Oiga, señor Rius, es verdad. Usted sólo es un cliente. Puede irse, si quiere. O puede quedarse.

–Me quedo. Quiero saber el final.

–Bien: tenemos a Edu en la habitación. El señor Larson está muerto. Y él empieza a mirar por la habitación. En la mesa hay un periódico, *El Mediterráneo* del 5 de abril, abierto por la página 54. Pero las páginas 52 y 53 no están porque ve algo que le interesa mucho. Por esto las coge...

–¿Y qué hay en esta página?

–Una fotografía. Dos hombres y una chica. Edu conoce a los dos hombres. Uno es Larson. Al otro también lo conoce, pe ro por otro nombre...

Esta mañana, cuando he entrado en la habitación de Larson y lo he encontrado muerto, Edu estaba allí, escondido detrás de la puerta. Y cuando he salido para buscar a Laura, él ha escapado saltando por la ventana, pero se ha hecho daño y ha gritado. Laura y yo hemos oído el grito y hemos vuelto corriendo a la habitación. Por la ventana le he podido ver y le he seguido hasta la estación del tren. Allí Edu ha sacado un billete para Sitges. Cuando ha llegado allá, dos hombres lo han seguido. Han visto que entraba en un bar y que telefoneaba a alguien y luego ha entrado en una casa, su casa. Y ese alguien ha llegado al cabo de 45 minutos y lo ha asesinado. Más o menos a las 12.

–¡Qué estupidez! –dice Díaz– A las 12 todos estábamos en nuestra oficina.

–Todos no. Usted no, por ejemplo.

–He salido a tomar un café.

–Bueno, bueno –interrumpe Musons–. ¿Qué pasa con la fotografía del periódico? ¿Por qué es tan importante para Vilches?

–Ustedes tienen que saber que hay una persona que utiliza "Larson y Magriñá" para entrar droga en España.

–¡No es posible! –exclama Magriñá.

–Sí es posible. Esta persona tiene un hombre en la empresa: Vilches. La droga llega de Tailandia entre las flores. Y Vilches coge la droga y la envía a Europa, también entre las flores.

–Al principio... –continúa el inspector– ... todo va bien. Pero un día Larson empieza a comprender y me llama.

–Y el hombre de la foto es esta persona... la persona que hace asesinar a Larson... y después asesina al asesino.

–¿Por qué asesina al asesino? Porque es su hombre dentro de la empresa. Vilches conoce al hombre de la foto. Éste le da dinero para enviar a Europa la droga que llega de Tailandia. Pero no sabe quién es. No sabe su nombre, su nombre de verdad. Y en la foto descubre su identidad. Vilches piensa que con esta información puede pedir más dinero a cambio de su silencio. Una pregunta, señor Díaz. Esta mañana le he visto aquí, a las 9 y veinte.

–Sí, cuando Laura me ha dicho...

–¿Le ha llamado Laura esta mañana?

–No. He llamado yo. Para hablar con Joseph.

–¿Y... –en este momento se empieza a oír el ruido de la

sirena de un coche de policía. Sancho se queda un momento en silencio– ... Y... ¿Por qué ha llamado a su casa y no a su oficina, señor Díaz? Usted sabe que a esta hora Larson siempre está en su oficina...

–¿Qué quiere usted decir? –Díaz se levanta– ¿Usted cree que por estar en una fotografía con mi cuñado y mi sobrina puede demostrar algo?

Ahora se oye más cerca la sirena del coche de policía.

–¡Tío! –dice Laura– Tú... –Laura no puede continuar.

Díaz mira a uno y otro lado. Sancho va hacia la puerta de entrada.

Díaz empieza a andar hacia Sancho. De repente saca una pistola. Por el ruido de la sirena sabe que el coche de la policía está cerca. En la parte de atrás de la casa hay otra puerta. Díaz corre hacia allí. Abre la puerta y empieza a subir las escaleras. Sancho corre detrás de él. El coche de la policía está ahora delante de la casa. Enrique empieza a correr detrás de ellos.

–¡Cuidado, Pedro! –grita Enrique– ¡Tiene una pistola!

Cuando Díaz llega arriba, abre la puerta. Está en el tejado. Empieza a ser de noche en Barcelona. La luna ha salido.

Detrás suyo entra Sancho. El coche de la policía sigue recto por la calle. Díaz cruza la azotea y mira la calle. Ve el coche de la policía que ha pasado por delante de la puerta de la casa sin pararse y que ahora se aleja, girando a la izquierda.

–¡Inspector! –grita Díaz– Esto es para ti.

Díaz dispara.

–¡Al suelo! –grita Sancho.

Sancho y Enrique se tiran al suelo.

–¡Díaz! –grita Sancho desde el suelo– ¡No seas estúpido!

–¡Ja!, ¡ja!, ¡ja! –ríe Díaz– Muy inteligente, inspector. Muy inteligente.

–Después se oye un disparo. Sancho se levanta y corre al otro lado de la azotea.

–¡Díaz! –grita Sancho.

Pero Díaz está en el suelo. Muerto. La pistola está al lado de su cabeza. El suelo está lleno de sangre.

–Voy a llamar a comisaría –dice Sancho a Enrique, que está a su lado–. ¿Puedes decirle a Laura que su tío ha muerto?

–Sí, claro.

–Su padre y él eran toda su familia.

–Sí. Lo sé. ¡Pobre chica!

Fin

Notas culturales

Nota: *En Barcelona, como en toda Cataluña, los nombres de calles, plazas y demás aparecen escritos en catalán porque es la lengua oficial juntamente con el español. Aquí, sin embargo, hemos optado por utilizar el español, ya que se trata de una novela de aprendizaje de esta lengua.*

(1) **calle Aragón**: una de las calles más importantes de Barcelona. Atraviesa la ciudad de este a oeste.

(2) **Paseo de Gracia**: podrían considerarse los *Champs-Elysées* de Barcelona. Es la calle principal del Ensanche y uno de los centros comerciales y financieros más importantes de la ciudad. Es, además, un lugar de paseo extraordinario gracias a sus farolas y a sus edificios modernistas como la Casa Batlló o la Casa Milá.

(3) **Sitges**: población costera cercana a Barcelona famosa por su festival de cine y su playa.

(4) **carajillo**: típica bebida española que suele tomarse después de la comida o a la hora del desayuno. Es un combinado de café con alguna bebida alcohólica, normalmente brandy o ron.

(5) **El Retiro**: centro social situado en Sitges donde se celebran diferentes actividades culturales, desde proyección de películas hasta conciertos.

(6) **Vía Laietana**: otra de las calles importantes de Barcelona. Antiguamente cruzaba la ciudad de norte a sur (De la Diagonal hasta el mar). Actualmente, la Vía Laietana va de la plaza Urquinaona hasta el mar y en este tramo se encuentra una de las comisarías de policía de la ciudad.

(7) **Maresme**: comarca costera al norte de Barcelona cuya capital es Mataró. En la actualidad, la industria, el turismo y la agricultura son las principales actividades económicas de la comarca, que es también famosa por sus numerosas plantaciones de flores.

(8) **Tapa Tapa**: bar de tapas del Paseo de Gracia muy conocido en Barcelona.

(9) **cortado**: café con un poco de leche que se bebe principalmente después de las comidas o en el desayuno

(10) **Casa Batlló**: una de las obras más conocidas del arquitecto modernista catalán Antoni Gaudí. Está situada en el cruce entre la calle Aragón y el Paseo de Gracia.

(11) **Fundación Tàpies**: museo de arte situado en la calle Aragón entre el Paseo de Gracia y la Rambla de Cataluña que alberga más de 325 obras pictóricas y escultóricas de Antoni Tàpies y más de 3000 dibujos y litografías. El edificio es fácilmente reconocible desde la calle porque justo encima hay una instalación con una silla enmarañada entre cables.

(12) **Rambla de Cataluña**: la prolongación de La Rambla, donde se encuentran numerosos hoteles, cines, cafés, terrazas y comercios. Es una de las calles con más encanto de Barcelona.

Barcelona en Internet:

http://www.bcn.es
http://www.barcelona-on-line.es

Sitges en Internet:

http://www.sitges.com
http://www.nobis.com/blue/spain/sitges/index.html

¿Lo has entendido bien?

1

En este capítulo se describe perfectamente la habitación donde se encuentra Larson. Haz un dibujo de la habitación.

¿Quién descubre que hay un hombre en la habitación del señor Larson?

¿Cómo se escapa el asesino de casa de Larson?

- ❑ Por la escalera de emergencia.
- ❑ Por una ventana.
- ❑ Por la puerta.

2

¿A quién llama el inspector Sancho para pedir las páginas 52 y 53 del periódico?

Después de haber leído los dos primeros capítulos, describe al hombre que estaba en la habitación del Sr. Larson.

....

....

....

....

3

¿En cuántos establecimientos entra Eduardo Vilches en este capítulo?

¿Dónde está el teléfono del bar en el que entran Eduardo Vilches y Javi Mendieta?

4

¿En qué piso vive Eduardo Vilches, el hombre del jersey marrón?

- ❑ En el entresuelo.
- ❑ En el primer piso.
- ❑ En el ático.

Di si estas afirmaciones son verdaderas (V) o falsas (F):

	V	F
Edu sale del bar y, después de pasar por una placita, llega a la calle Ángel Vidal.	❑	❑
González se toma tres cafés en el El Retiro.	❑	❑
El hombre que entra en casa de Edu lleva un traje gris y unas gafas de sol.	❑	❑

5

¿Dónde está el primer bar en el que ha entrado Vilches?

- ❑ Al lado de la estación.
- ❑ Cerca de la estación.
- ❑ Delante de la estación.
- ❑ Detrás de la estación.

6

¿Qué ordena Sancho a González y a Javi cuando éstos le llaman desde Sitges?

- ❑ Entrar en la casa y detener a Vilches.
- ❑ Entrar en la casa y detener al hombre del traje gris.
- ❑ Entrar en la casa y detenerlos a los dos.

7

¿Qué lleva en el bolsillo Vilches cuando lo encuentran muerto en el salón de su casa? ¿Y en la mano?

¿Por qué no detienen a nadie?

- ❑ Porque se escapan.
- ❑ Porque Vilches está muerto y el hombre del traje gris sale de la casa antes de que puedan hacer algo.
- ❑ Porque el hombre del traje gris está muerto y Vilches se ha escapado.

8

¿A quién hace llamar el inspector Sancho a su secretario?

9

¿Dónde quedan Enrique y el inspector Sancho? ¿A qué hora?

10

¿Qué descubre Mónica?

11

¿Qué está tomando Sancho cuando Enrique llega al bar?

- ❑ Un café con leche.
- ❑ Un café solo.
- ❑ Un cortado.

¿Por qué cree Sancho que Larson le llamó antes de que le asesinaran?

12

Ordena cronólogicamente los hechos de este capítulo:

❑ Enrique y Mónica se escapan corriendo.

❑ Un hombre con un traje negro se acerca a Mónica y Enrique.

❑ Enrique ve a Mónica entre la multitud.

❑ Sancho, también con una pistola en la mano, corre detrás de uno de los hombres.

❑ Llegan al bar dos hombres armados.

❑ Enrique y Mónica empiezan a correr hasta que llegan a Rambla de Cataluña.

13

¿Por qué Díaz asesina a Vilches?

❑ Porque cree que Vilches le podría chantajear.
❑ Para vengar a su amigo Joseph Larson.
❑ Porque Vilches ha descubierto que Díaz trafica con drogas.

¿Dónde tiene lugar el tiroteo final entre Díaz y Sancho?

- ❑ En la azotea de la comisaría de policía.
- ❑ En la azotea de la casa de Larson.
- ❑ En el lugar del crimen.

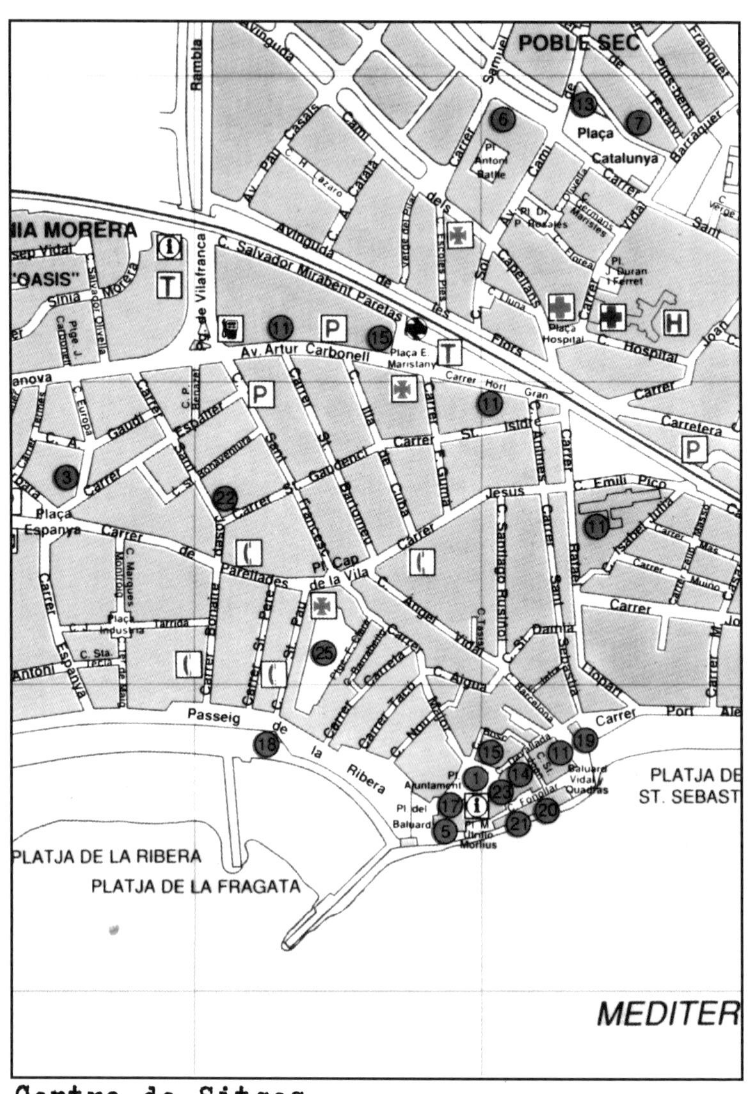

Centro de Sitges

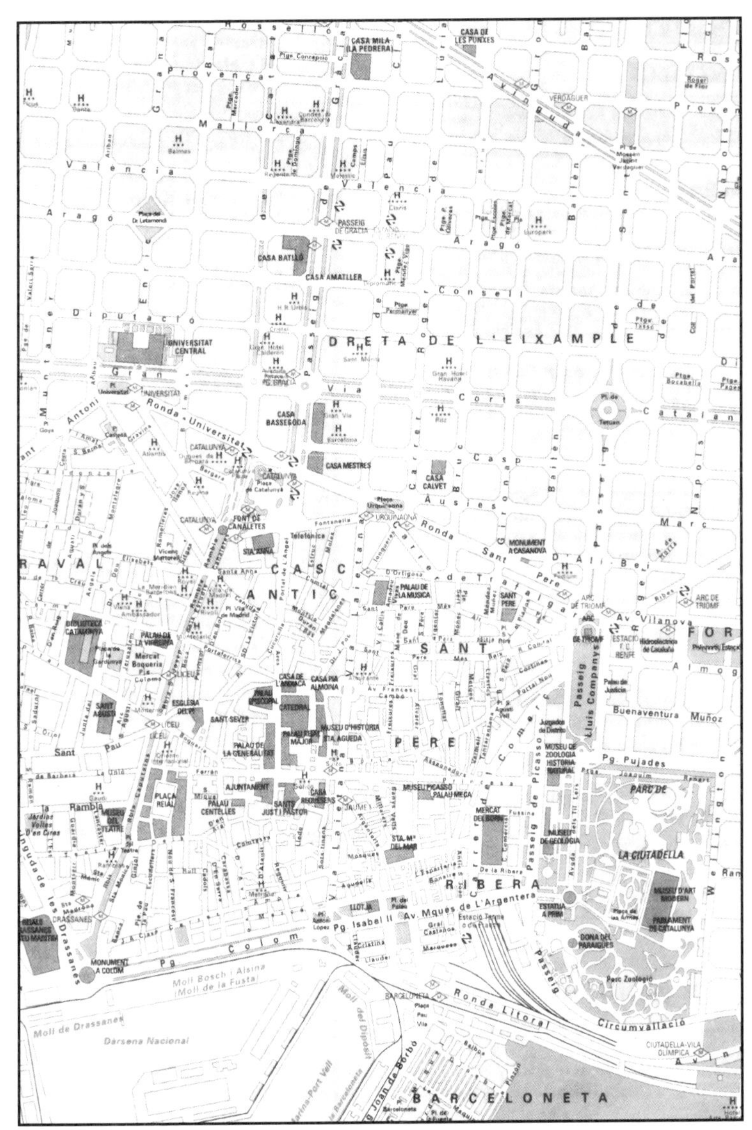

Centro de Barcelona

LECTURAS

Venga a leer

Nivel 0

SERIE "LOLA LAGO, DETECTIVE"
- *Vacaciones al sol,* 48 págs. ISBN 84-87099-71-8

SERIE "PLAZA MAYOR, 1"
- *Los reyes magos,* 48 págs. ISBN 84-87099-70-X

SERIE "EL MEDITERRÁNEO"
- *La chica del tren,* 48 págs. ISBN 84-89344-72-8

Nivel 1

SERIE "LOLA LAGO, DETECTIVE"
- *Poderoso caballero,* 58 págs. ISBN 84-87099-31-9
- *Por amor al arte,* 68 págs. ISBN 84-87099-28-9
- *Una nota falsa,* 48 págs. ISBN 84-87099-73-4

SERIE "PLAZA MAYOR, 1"
- *El vecino del quinto,* 56 págs. ISBN 84-87099-06-8
- *Reunión de vecinos,* 64 págs. ISBN 84-87099-72-6

SERIE "HOTEL VERAMAR 1"
- *...Pero se casan con las morenas,* 48 págs. ISBN 84-87099-8

SERIE "EL MEDITERRÁNEO"
- *El secreto de las flores,* 44 págs. ISBN 84-89344-73-6
- *¿Dónde está Sonia?,* 40 págs. ISBN 84-89344-74-4

Nivel 2

SERIE "LOLA LAGO, DETECTIVE"
- *La llamada de La Habana,* 48 págs. ISBN 84-87099-11-4
- *Lejos de casa,* 48 págs. ISBN 84-87099-74-2

SERIE "PLAZA MAYOR, 1"
- *El cartero no siempre llama dos veces,* 72 págs. ISBN 84-87099-1

SERIE "PRIMERA PLANA"
- *Vuelo 505 con destino a Caracas,* 80 págs. ISBN 84-87099-1

SERIE "HOTEL VERAMAR"
- *Moros y cristianos,* 48 págs. ISBN 84-87099-84-X
- *Más se perdió en Cuba,* 48 págs. ISBN 84-87099-82-3

SERIE "AMÉRICA LATINA"
- *Guantanameras,* 54 págs. ISBN 84-89344-39-6

SERIE "EL MEDITERRÁNEO"
- *Trapos sucios,* 48 págs. ISBN 84-89344-75-2

Nivel 3

SERIE "LOLA LAGO, DETECTIVE"
- *¿Eres tú, María?,* 56 págs. ISBN 84-87099-04-1

SERIE "AIRES DE FIESTA"
- *De fiesta en invierno,* 48 págs. ISBN 84-87099-95-5
- *De fiesta en primavera,* 48 págs. ISBN 84-87099-97-1
- *De fiesta en verano,* 48 págs. ISBN 84-87099-96-3
- *De fiesta en otoño,* 40 págs. ISBN 84-87099-05-1

SERIE "AMÉRICA LATINA"
- *Un taxi a Coyoacán,* 48 págs. ISBN 84-89344-40-X
- *Más conchas que un galápago,* 52 págs. ISBN 84-89344-41-8
- *Mirta y el viejo señor,* 62 págs. ISBN 84-89344-42-6
- *La vida es un tango,* 44 págs. ISBN 84-89344-43-4

Nivel 4

SERIE "ALMACENES LA ESPAÑOLA"
- *Una etiqueta olvidada,* 38 págs. ISBN 84-87099-20-3
- *Transporte interno,* 38 págs. ISBN 84-87099-21-1

SERIE "HOTEL VERAMAR"
- *Ladrón de guante negro,* 56 págs. ISBN 84-87099-01-7

Nivel 5

SERIE "HOTEL VERAMAR"
- *Doce rosas para Rosa,* 56 págs. ISBN 84-87099-05-X